maçã

jabłko

pera

gruszka

laranja

pomarańcza

limão

cytryna

uvas

winogrona

morango

truskawka

melancia

arbuz

coco

kokos

banana

banan

framboesa

malina

quivi

kiwi

cereja

wiśnia

mirtilo

borówka

ameixa

śliwka

pêssego

brzoskwinia

figo

figa

ananás

ananas

manga

mango

dióspiro

persymona

couve-flor

kalafior

curgete

cukinia

beringela

bakłażan

cenoura

marchewka

batata

ziemniak

couve

kapusta

tomate

pomidor

espinafre

szpinak

brócolos

brokuł

ervilhas

groszek

abóbora

dynia

abóbora-menina

dynia piżmowa

abacate

awokado

alcachofra

karczoch

cogumelo

grzyb

rabanete

rzodkiewka

alho

czosnek

cebola

cebula

beterraba

burak

alho-francês

por

pimento

papryka

pimenta-malagueta

papryczka chili

espargos

szparag